두텁나루숲 뒷간에 앉아

박두규

시집

두텁나루숲 뒷간에 앉아

솔
시선
39

불현듯 생각난다.
언젠가 두텁나루숲에서 만났던 그 말씀

산은 제 그늘에 덮여 어둡고
물소리는 그치지 않는 제 소리가 슬프다.

生의 길목을 돌아 지금 여기
아직도 드리워 있는 산그늘
그치지 않는 물소리를 본다.

2025년 9월

박두규

제2부 어둠에 젖어 스스로 빛나는

제3부 내 안의 사람

제4부 사랑의 완성

제1부
초록의 고요

사자死者의 서書 1
—죽음

강물을 거슬러 오르는 물고기 한 마리

태어난 그곳으로 거침없이 오르는 맹목盲目의 끝

가까스로 이른 그곳에 生의 선물 같은

사는 동안의 슬픔과 절망, 고통과 회한

마침내 몸과 마음의 모든 통증을 비워낼 수 있는 곳

늘 어딘가에 이르고 싶었던

환한 빛의 그곳

아, 얼마나 다행인가.

사자死者의 서書 2

— 송기원

    송기원 형은 늘 자기는 죽은 사람이라고 했다. 죽은 자가 술을 먹고 있다고 했다. 나는 그렇게 말년의 망자亡者하고 한 시절 술을 마셨다. 그는 해골을 그리고 나비를 그리고 전시傳屍까지 하고는 바로 사자死者가 되었다. 나는 물 밖을 살며 물속을 들여다보는 일이 종종 있었지만, 그는 말년에 아예 물속에서 살았다. 그리고 행복해했다.

사자死者의 서書 3
— 공초空超

들이쉬고 내쉬는 숨의 틈 사이를 비집고 들어가면

고요의 깊은 공간이 있다

앞 세대의 어떤 시인° 이 그 격렬한 고요에 이르러

'오, 흐름 위에 보금자리 친 나의 넋'이라고 노래했다

나는 그 시인이 그런 시인인지 몰랐다

돛대도 삿대도 없이 세파의 흐름을 살며

아무런 무엇도 없이 그는 죽음의 동전을 잘 뒤집었을까

동전의 이면에는

푸른 잎들의 변화무쌍한 봄이 피어나고 있었을까

° 공초空超 오상순

사자死者의 서書 4
— 어머니

어머니는 망백望百의 나이가 된 불편한 어느 가을
단풍 구경을 가자고 하셨다.
붉은 그늘의 고요 속에 서서 먼 산을 한참 바라보시더니

'참, 곱다.'

이파리 하나 떨어지는 속도로 이 세상에 헌사를 보내고
집에 돌아온 그녀는 늘 돌아갈 것을 걱정했다.

아름다운 생을 증거할 수 있는 건 죽음뿐이니
꽃상여처럼 화려한 죽음

죽음 너머의 세상에 첫발을 디디는데
이승의 마지막 한 마디가 따라갔다.

'참, 곱다.'

초록의 고요

늘, 멀고 아득한 곳을 바라보게 하던

초록의 고요

그 너머를 그리며 걷고 또 걸었다

그 너머의 고요에 가장 가까이 있었던 보름 동안

어떤 궁극의 지경에도

반드시 실상實相의 실루엣 하나 있어야

길고 긴 내 그리매 하나 있어야

지금 여기의 현실이 된다는 걸 알게 해준

몽골의 초원

그 초록의 고요

마지막 시집

새벽녘 숲을 뚫고 들어오는 반야般若의 예리한 빗살과 저 잣거리의 미망迷妄으로 흩어지는 신산스런 발자국 소리들. 그 숲과 저잣거리를 직조하는 노래가 되고 싶었다. 내 안에 평형수를 다 채우는 어느날 한 권의 시집이 완성되면 나는 지금껏 걸어온 모든 길을 잃을 것이다. 러시아 어느 늙은 작가의 마지막 순례처럼 다시금 길 위에서 저무는 해를 바라보고 싶다.

어쩔거나, 이 기쁨

붉어진 서산西山은 금세 어두워지고

세상 가득한 어리석음의 혼망昏忘

가녀린 허리 세워 깊은 숨 내쉬니

더듬거려 한 발짝 떼는 일이 이렇구나

깊고 투명한 그 마음

그토록 바라던 그대

가까스로, 세상의 허술한 바람 타고

한 줄기 향 내음 안으로 스민다

어쩔거나, 그나마 이런 기쁨

망해사望海寺

친구는 죽기 전 어느 날
서녘의 바다가 보고 싶다고 했다.

노을이 지는 어느 저녁
항상 바다를 바라보고 있는 망해사에 갔는데
西를 그리워하는 락서전樂西殿 마당에 탑은 없고
두 그루 팽나무가 울창하게 어우러져
하나의 숲을 이루고 있었다.

친구는 환한 미소와 함께 숲에 들었고, 西으로 갔다.

그가 가고 막무가내의 세월 속
주변의 사람들을 앞세우면서도 나는
그가 보여준 락서樂西의 미소를 까마득히 잊고 있었다.

서녘의 노을에는 아직도 그 미소가 살고
두 그루의 팽나무 숲이 있고
아직도 락서樂西를 저어하는 내 어리석음이 산다.

은행나무

천년 은행나무가 있으니 보러 가자고 한다.
그래, 사람들도 이제
백수百壽에 들어섰으니
우주의 나이에 이른 신목神木의 세월을
짐작할 수 있어야겠지.

푸른 별 어느 기슭을 스치는
바람의 시간을 읽어낼지도 모르지.
천수에 이른 굵은 뿌리가
어린 연둣빛 이파리 하나에 피워 올리는
우주의 마음

흐름 위에 흐름을 얹은 그 마음
읽을 수 있을지 모르지.
느낄 수 있을지 모르지.

하지만 문득문득
아직도 두려움으로 오는 이승의 시간
가여워하는 마음조차 잃어버린

슬픈 영혼이 되어
백수에 이른들 들을 수 있을까.

정성을 다해 천년을 살아낸
생령生靈의 말씀.
들을 수 있을까, 그 마음
느낄 수 있을까, 그 정성

외로움을 배우다

　사람들은 개나 고양이를 기르며 스스로 가여워진다. 사랑은 순종하는 것이라지만 순종하는 모든 것을 사랑이라고 하지는 않는다. 이승을 함께 보내는 생명붙이들의 외로움으로부터 오는 동등한 무게 동등한 가치를 보며 우리의 사랑은 왜 이렇듯 왜곡되는가를 생각한다. 외로움은 혼자여서가 아니라 둘이어서, 셋이어서 생기는 것임을 개와 고양이에게서 배운다.

소란스러웠던 봄을 보내고

— 점수漸修

꽃이 지고 숲이 짙푸른 그늘을 이루기 시작하니 나무의 여린 순들은 잔가지로 무성해졌다. 울울해지고 창창해지는 그만큼씩 숲은 한껏 고적해지고 봄날의 소란스러웠던 날들도 그 마음도 모두 계절의 끝에서 촉촉이 비를 맞았다. 이제 다시 숲 귀퉁이 이파리 너른 벽오동 그늘에 앉아 눈부신 그대의 모습 그려내야 하리. 그 어느 즈음 나는 새롭게 돋은 나뭇가지에 하얀 수건 하나 내걸 수 있을까. 아, 봄날의 순정도 버리고 다시금 항복할 수 있을까.

깊은 고요의 급류에 휩쓸려

종일토록 처연하게 내리는 빗줄기를 바라보다 문득, 빗방울 하나에 세상이 잠긴다. 빗속의 저 먼 불빛들 그 아련함도 내 오랜 슬픔도 빗방울 하나에 갇히고 나만 홀로 빠져나와 깊은 고요의 급류에 휩쓸린다. 시간도 없는 공간, 공간도 없는 시간 속으로 한 줄기 빛을 따라 흐른다. 이 한 가닥 의식은 얼마를 흘러야 그 본류에 이를 수 있을까. 이 그리움의 실체가 있기는 한 것인가. 찰나의 섬광처럼 그대를 만나면 나는 파옥破獄할 수 있는 것인가. 빗방울에 잠긴 세상도 고스란히 찾을 수 있는 것인가.

나의 꿈

나의 꿈은 무엇인가.

비가 오면 모두 함께 비를 맞는 것이지.
눈이 오면 모두 함께 눈을 맞는 것이지.

나의 꿈은 무엇인가.

어머니의 눈물 닦아드리는 것이지.
어머니의 품으로 돌아가는 것이지.

나의 꿈은 무엇인가.

알 수 없는 내 얼굴 찾는 것이지.
잃어버린 우리 마음 찾는 것이지.

무등無等의 숲

 안개 자욱한 무등의 숲, 마타리 같은 꽃들도 새들의 울음
소리도 촉촉이 젖어 우울한 잠이 들고 바람 하나 없는 안개
의 숲은 상가喪家의 조등이라도 걸어야 할 것 같았다.

 어둠 속 물줄기 하나 무등을 빠져나와 배고픈 다리를 건
너 저잣거리의 미망迷妄에 합류하였다. 위기와 절망의 시절
이 아니래도 무등은 매일 거리로 내려와 집집마다 문을 두
드려 고을의 안부를 물었다.

 세속의 경계를 지우는 것부터가 무등無等의 시작이었다.
경계가 지워지는 자리에 입석立石과 서석瑞石이 들어서고
사람들은 자신도 모르는 무등無等의 높이를 살았다. 오월은
그렇게 갔고 오월은 또 그렇게 왔다.

제2부
어둠에 젖어 스스로 빛나는

뒷간에 앉아 보낸 세월

두텁나루숲 뒷간에 앉아 있으면 강이 자연스럽게 눈에 들어온다. 서서히 안개가 걷히며 강이 모습을 드러내는데 쪼그려 앉아 바라보는 두텁나루의 아침은 또 다른 세상이다. 새들은 날아오르거나 자맥질하거나 바위에 외다리로 서 있다. 그래, 나도 그러고 있을 뿐이다. 그렇게 경이로운 풍경 속 점 하나로 쪼그려 앉아 있는 것이다. 그 세상은 그 세상대로 이 세상은 이 세상대로 쪼그려 앉아 다리가 저린 세상, 그렇게 하루가 가고 한 해가 가고 한 생이 간다. 그렇게 지리산 어느 구석 바위틈에 아무도 눈길 주지 않는 구절초 하나 홀로 피었다 진다.

어둠에 젖어 스스로 빛나는

　세상의 모든 빛은 저편에 있고 나의 어둠은 이편에 홀로 남아 남루한 옷깃을 여민다. 어둠은 끝내 어둠으로 살아 내 안을 떠나지 않으니 흐르지 못하는 것들의 쓸쓸함과 잃어버린 것들의 아쉬움도 이젠 모두 잊고 그만 돌아가야 하리. 욕망은 끝이 없어 온 생을 살고 어둠의 깊은 물줄기가 정수리에 닿는구나. 고요 속 오랜 어둠에 젖어 스스로 빛나는 몸뚱어리여. 그 몸이 담아낸 푸르고 푸른 눈물이여.

쓸데없는 걱정

봄이 오면 저 늙은 산수유나무도
저만의 꽃들을 잔잔하게 피워내는데
나는 지금껏 살아오며
제대로 된 내 색깔의 꽃 하나 피워냈을까.

겨울엔 마당 구석 장독들도
제 뚜껑만큼씩은 눈을 받아내는데
살아오며 지금껏 나에게 온 인연들을
나는 잘 받아냈을까.

덥다고 나무 그늘로 들어가거나
춥다고 방구석에 박혀 있지만은 않았을까.
세상이 알아주지 않는다고 욕하며
술 마시고 보낸 허송세월은 아니었을까.

어머니가 살아계셨으면 그랬을 것이다.
저 녀석이 또 쓸데없는 걱정이나 하고 있다고
그렇게 할 일이 없으면
밭에 나가 풀이라도 뽑으라고

별을 헤아리며

어느 날 문득, 밤하늘을 보며 생각한다
지금껏 내가 헤아린 별은 얼마나 될까
사는 동안 만난 사람들은 얼마나 될까
그렇게 내 안으로 들어온 사람은 얼마나 될까
들어와 나의 끝에 이른 사람은 얼마나 될까
나도 그대 안에 들어 그대의 끝에 이르긴 했을까

부질없는 마음이 되어 사람들을 헤아리는 밤
흐르는 시간 중에 우리는 우리를 잃어버려
마음 어느 구석 비어 있는 한 자리
돌아오지 못하고 변방을 떠도는 가여운 넋이여
화려해질 대로 화려해진 목숨이여
속절없이 빛나는 별들이여

가만가만

스스로에게 늘 부탁하지요.

허접한 일상을 견딘다고 생각하지 않기를

세상의 모진 바람에 고개 숙여 숨죽이지 않기를

이승의 궁벽한 어느 구석일지라도

아무런 미련 없이 굴러가 한 生이 지나도록 처박히기를

숲에 들어 숲 그늘을 흐르는 물처럼

가만가만 주변을 적시며 조식調息하기를

오시는 숨 잘 모시고 가시는 숨 잘 여의기를

명예

두텁나루숲에 들어온 지도 벌써 십수 년이 되었다. 가끔 숲으로 이어진 산자락을 타며 지리산맥을 바라보곤 하는데, 그 유장한 산줄기들을 보면 굼틀거리는 역사와 그 세월 속 아우성과 그 틈새의 사람들이 보였다. 지리산만 보면 피가 끓는다고 노래한 누구는 이름 석 자를 제대로 지키지 못하고 죽었지만 나는 지킬 이름도 없이 한 생을 보냈다. 애써 아쉬움을 누르며 가여운 나를 위로한다. 살며, 이름 석 자 내거는 일 또한 얼마나 서툰 짓인가.

구례求禮

구례의 모든 물줄기는 섬진강이고
올망졸망 보이는 산들도 다 지리산이다
낯선 사람에겐 낯선 산천일 뿐이지만
구례를 사는 사람들은
서로의 눈빛을 읽어내는 키가 비슷한 동무가 되어
그렇게 서로 구례求禮하며 산다

오일장에 돈사러 나온 왼다물떡
살아 있으니 파장 술도 한잔 한다며
빈 광주리 머리에 이고 휘청이는 걸음
윤슬 같은 슬픔의 순정한 마음들이
서로를 다독이며 그렇게 구례求禮하며 산다.

산기슭에 땅거미가 내리고
형님, 동생하며 왁자지껄 삼겹살을 구워내는 저녁
덜 익은 감이 헛간의 함석지붕에 떨어지면
깜짝깜짝 놀라기도 하며
지금 여기를 구례求禮하며 산다.

구례에서 구례求禮하며 사는 것은
검붉은 노을빛의 섬진강과
아름슬픈 지리산을 품는 일이다.
깊은 상처에 마음과 마음이 닿아
서로가 서로에게 푸른 대답이 되는 것이다
그렇게 구례求禮하며 산다는 것은.

괜한 옛 생각 하나 서글픔으로 온다

봄이 되니 텃밭의 살구꽃 자두꽃들이 피어나 눈발이 되어 흩날린다. 곱게 일군 이랑에 점점이 내리는 꽃잎들, 고마운 봄비에 촉촉이 젖어 흙 위에 다시금 꽃을 새기니 옛 생각 하나 슬그머니 살아나 괜한 서글픔으로 온다. 곤고한 삶의 오후에는 이런 감상도 너무 귀해서, 오랜 슬픔도 이렇듯 순해져서, 옛 생각 하나 무엇으로 온들 어쩌랴. 아득하고 또 아득한 生이여.

어둠 저편 그 눈빛

아내는 두텁나루숲에 잘 오지 않았다. 외딴 이곳이 무서워서 그런다고 했다. 나는 홀로 종일토록 한마디 말도 없이 낮과 밤을 보내는 날이 많았다. 무섭다는 생각은 들지 않았다. 다만, 등 뒤에 서성이는 알 수 없는 두려움 하나가 늘 같이 있었다. 사는 동안 어둠 저편 일정한 거리에서 나를 지켜보는 무언가 강렬한 느낌, 그 등 뒤의 존재감을 막연히 두려움이라고 짐작하곤 했다. 용기를 내어 뒤돌아 정면으로 바라보면 안개 자욱한 어둠 속 우두커니 서 있는 나무의 실루엣과 적막한 세상과 혼몽한 세월이 있을 뿐이었다. 두려움의 실체는 보이지 않고 다시 등을 돌리면 그 느낌, 그 두려움이 되살아나곤 했다. 내 삶의 반경을 떠나지 않고 지금껏 일정한 거리를 두고 사는 이것이 어쩌면 나를 키웠는지도 모른다.

의자에 앉다

목공 일을 하는 후배가 작은 나무 의자 하나를 짜 왔다. 나무가 살아온 햇볕과 물과 바람과 후배의 땀과 눈물과 그 아내의 슬픈 경제가 조그만 의자 하나로 나를 만나러 온 것이다. 강이 내려다보이는 마당 가에 의자를 놓고 나에게 바짝 다가온 의자와의 인연을 생각한다.

살아온 날들의 세상 모든 인연을 나는 이 의자에 앉힐 수 있을까. 이 의자에 앉아 마침내 어둠 속 별 하나와 눈을 마주칠 수 있을까. 그렇게 나의 일상도 저 별들의 대열에 합류할 수 있을까. 어머니의 젖을 물고 바라보던 경이롭던 하늘도, 흐르지 못한 사랑도, 저잣거리의 아픈 사연과 욕된 목숨도 모두 이 의자에 앉힐 수 있을까.

오랜 침묵의 세월을 건너 나의 공간으로 온 의자, 나는 이 의자에 앉아 강이 되고 별이 되고 우주가 되어 시바와 샥티가 어울리는 일상의 춤을 출 수 있을까. 살아온 날들의 모든 인연을 의자에 앉히고 눈앞의 이 강을 건너, 들숨과 날숨의 사이 그 오랜 고요에 이를 수 있을까. 숨을 깊게 들이쉬며 나는 의자에 앉았다.

비로소 봄

꽃이 피어 봄이 아니라
그 고운 꽃들이 다 져야 비로소 봄이다

고통도 절망도 나누어 짐 질 수 없는 것들이
어떻게 꽃을 피우는가

서로에게 갈 수 있는 길도 잃고
오랜 그리움마저 사라진 사나운 짐승이 되어

누가 봄을 말할 수 있을 것인가
무엇을 봄이라 노래할 건가.

골목길 곱게 쓸어 손님을 맞듯
봄은 그토록 지극정성으로 오시는데

꽃이 피어 봄이 아니라
그 고운 꽃들이 다 져야 비로소 봄이다.

길항拮抗의 그대

어둠이 없으면 빛이 없는 것처럼
그대가 없다면 나는 어디에도 없습니다
보이지 않는 세상, 들리지 않는 세상을 열어준 그대
그대가 있어서 비로소 내가 열리는군요
그대와 나의 길항은 사랑입니다.
누군가 무엇인가와 길항하는 사랑이 없다면
오히려 견디기 힘들겠지요.
고맙습니다, 한세상 견디며 사는 일 또한 사랑인 것을
강물이 흐르고 새가 날고 싱그러운 바람이 부는
사소한 일상의 모든 길항이 다 사랑인 것을
마을엔 하나둘 불빛이 켜지고
빛과 어둠이 교차하는 길항의 저녁
그런 그대가 있어서, 그런 사랑이 있어서

쓸쓸한 여백

귀가 순해지는 나이에 두텁나루숲에 들어 이런저런 꽃나무를 심었더니 마당 가득 꽃그늘이 고운 봄날이다. 이렇듯 피는 꽃들과 날아드는 벌과 나비들도 저마다 봄인데 내 봄은 무엇이 온당치 않은지 문득문득 세상사가 쓸쓸했다.

맨 처음 꽃망울을 올린 마당의 산수유를 보며 산수유꽃이 피니 봄이 왔다고 하면, 뒤를 이어 피어나는 다른 봄들은 항상 섭섭했을 것이다. 나도 늘 뒤늦게 피어 뒷줄에 서서 이 나이를 먹었는데, 이제는 그것이 섭섭함보다는 호젓한 뒷마당을 서성이는 여유로움으로 온다.

이제는 무엇인가를 자주 포기해야 했던 사는 일의 쓸쓸함도 뒤처진 삶의 여백이 되어 왠지 편안함으로 온다. 하지만 이것이 꼭 나이를 허투루 먹은 자의 무슨 변명인 듯도 해서 한 번씩 다리가 휘청이는 것처럼 그 쓸쓸함이 말끔히 지워지지는 않는다.

텃밭에서

노동은 신성하다고 그러는데
지금 쪼그려 앉아 밭을 매고 있는 내 텃밭의 노동에도
그 신성이 있을까 하는 좀 서툰 생각을 해본다.
나는 신성, 하면 으레이 영혼을 떠올렸는데
어린 감잎들이 올라오는 포근한 봄날
여리디여린 것들의 연둣빛 영혼도 생각해 보고
밭을 매다 잠시 허리를 펴면 절로 보이는
쉼 없이 흐르는 강물의 영혼도 생각해 보는 것이다.
먹고사는 일에 목을 매는 뼈아픈 노동에 늘 미안해하며
그 노동의 신성을 위해 분주했던 시절도 있었지만
세속의 일에 은퇴하는 나이가 되면서부터
신성한 노동이라는 말도 함께 늙어 허리가 굽었다.
나는 두텁나루숲의 텃밭 주인이 되어
세상 모든 것들의 신성을 더듬거리기 시작했는데
강물을 한참 거슬러 오르며
신성의 유역을 헤매는 영혼들을 짐작해 보곤 했다.
그리고 두텁나루숲으로 들어온 후에는
강을 건너기보다는 바라보는 일에 열중했고
텃밭을 일구던 어느 날, 오랜 노동의 형해形骸를 보았다

힘겨운 작업복을 벗은 맨몸의 아름슬픈 영혼이었다.

아, 세상의 끝에 이른 것들은 어디로 갈까

스스로의 호흡을 다 고르고 나면 무엇이 될까

강물은 흘러 바다에 이른다지만

지금껏 흘러간 것들은 어디에 이르러

지친 어깨를 부렸을까.

풀잎처럼 겸손하라

숲에 들기 전에도 숲에 들어와서도 귀에 쟁쟁하다 그 말씀. 보이지 않는 세상 들리지 않는 세상 잡히지 않는 세상의 모든 답은 여기에 있으니, 풀잎처럼 겸손하라. 한세상 건너는 일은 숲속 한 그루 나무로 서 있는 일이고 강가의 돌맹이 하나로 놓여 있는 일이니, 풀잎처럼 겸손하라. 먼지처럼 내려앉는 위선의 겸손, 낮추고 배려하고 경청하는 듯 가식의 겸손은 모두 버리고 바람이 불면 부는 대로 흔들리는 그 겸손에 머물러라. 닦고 또 닦으니 이거 하나 밖에 내놓을 거 없다던 청화스님

제3부
내 안의 사람

실상사實相寺에 갔다

　어제 실상사에 갔다. 지리산 자락에 사는 선지식들이 선재
善財의 집에 모여 지리산으로 살자고 말했다. 모임을 끝내
고 나와 극락전의 보현보살을 만나러 갔다. 그와 함께 비 개
인 오후 즐겨 걷는 그의 산책로로 나왔는데 천왕봉 자락으
로 구름이 거슬러 오르는 장엄이 있었다. 그와 함께 하는 일
이 그랬다. 보살은 꾸준히 세상일을 걱정해 왔고 나는 그
걱정을 귀에 담으며 지금껏 걸어왔다. 함께 걷는 월인천강
月印千江의 길가 크고 작은 물웅덩이마다 맑게 갠 하늘이 살
고 있었다. 절집에서 말하는 선악불이善惡不二 같은 말들은
언제나 출가하여 세상에 나올 수 있을까.

순례자의 아침
── 연관스님

새벽녘, 부옇게 동터오는 숲 너머로
밤새 흘러온 고단한 강줄기가 보였다
안개 자욱한 강가
고요 속 물소리가 만트라로 흐르고
어둠은 조금씩 안개와 함께 벗겨지고 있었다
풀숲에서는 새들이 날아오르고
은빛 물고기들이 강을 거슬러 오르는 아침
마침내 강은 눈부시게 빛나며
새로운 아침을 맞는다

어둠의 강줄기를 밤새 걸어온 순례자의 아침
날은 밝았으나, 아니 밝았으므로
더 걷기로 한다
한 생을 걸어도 떠나보내지 못한 것들
새벽녘 서늘한 바람이 이마를 적셔도
문득문득 마음을 어지럽히며
저잣거리를 떠도는 세상살이의 슬픔들
깊은 바다 속 납작 엎드려 조용히 숨을 쉬는
가엽기만 한 욕망의 찌꺼기들

모두 스스로 떠날 때까지
걷기로 한다, 더 걷기로 한다.

비가 오고 눈이 내리는 일처럼
어찌할 수 없는 세월을
걷고 또 걸어야 했던 순례자여
이승의 업은 다 사루고 가셨나이까.
고고苦苦, 행고行苦, 괴고壞苦
그 모든 괴로움도 집착도 갈애도
다 떨치고 가셨나이까.
순례자여, 보리살타의 현현처럼
구도의 길을 거침없이 걷고 또 걸었으니
이제 이승의 걸음도 다 걸어
태어남도 죽음도 없는 그곳에 이르셨나이까.

잘 가셨소. 스님
어린아이가 자라서 어른이 되고
씨앗이 자라서 나무가 되는
세속의 일은 이제 남은 이들의 일이거니

스님은 그대로 법계에 머무르소서.
가여운 것들은 가여운 대로
사랑하는 것들은 사랑하는 대로
있는 그대로의 세속을 또 살아갈 것이니
이제 생사굴곡의 세상은 잊고
부디 극락왕생 하소서
여여생생 하소서.

친구

　지리산을 늘 함께 오르던 친구가 있었다. 세상의 모든 빛 중에 저무는 빛이 가장 강한 빛이라는 것을 안 것은 친구의 죽음 때문이었다. 노을이 지는 동안 능선들이 모두 침묵 속에 숙연해지는 것도 저무는 빛으로부터 시작되는 시간의 죽음 때문이라는 것을 알았다. 화려한 도시의 빌딩 사이로 저무는 강한 빛을 보며 문득문득 외로워지는 것도, 까닭 모를 그리움도 모두 여기서 시작되었을 것이다. 친구가 죽고 나는 혼자서 산에 다녔다. 산정의 차가운 샘물을 마시면 간절한 마음이 먼저 목젖을 적셨고 구상나무에 눈이 가득 내리는 날 눈밭에 텐트를 치면 그 안에서 함께 술잔을 나누던 친구가 생각났다. 그를 잃고 여느 짐승들처럼 겨울잠에 들고 싶었다. 스스로도 잊고 혹독한 바람에도 깨어나지 않는 오랜 침묵이 되고 싶었다. 무수한 계절이 숱하게 지나가고, 저물어 가는 산들의 어둠 사이로 그와 함께 다녔던 길 하나가 살아남아 눈부시게 빛나고 있다. 홀로 빛나는 것들에는 언제나 슬픔이 묻어 있다.

아득하여라, 정선旌善

멀고 먼 곳 아득하여라, 정선
새벽에 눈을 떠, 순천에서 오송, 오송에서 제천
제천에서 민둥산, 역사驛舍를 나오며
왜 이름은 또 민둥산일까 못마땅해하며
정선아라리로 가는 버스를 탄다

그곳에 가면 세파에 찌든 내 안에서도
정선, 그 이름처럼
착한 마음 하나 꺼내 볼 수 있을까
굽이굽이 골짝을 휘도는 동강 물줄기 따라
정선, 그 마음으로 흐르면
석삼년 어느 세월
검은 산 물밑이라도 해당화가 필 수 있을까
아라리, 아라리가 날 수 있을까

오는 동안 내내 차창 밖으로
이런저런 생각들이 스쳐 지나가는데
오롯이 차오르는 생각 하나
정선에 가면 만나게 될 사람들과

깊은 숲 초록의 속 살과 그 숲속 작은 책방°
그리고 실개울처럼 흐르고 있을
정선, 그 착한 마음들

한 세상 즐기는 일이든
아니면, 한 세상 버티며 산다 해도
정선, 그 착한 마음에 이르지 않고서야
어찌 편히 눈감을 수 있을까
아라리, 아라리가 날 수 있을까

ㅇ '정선아리랑' 가사
ㅇ 故 강기희 소설가가 살며 운영했던 숲속 작은 책방

구례읍 장미 나이트클럽

구례에 첫발을 디딘 1986년에도
번잡한 장터거리 끄트머리에 있었지
입구의 골목에 빨간 넝쿨장미가 피어 있는
일반 가정집 같은 장미 나이트클럽
키 큰 사람이 손을 올리면 천장에 닿는
손바닥만 한 나이트클럽
대여섯 식탁의 홀에 룸도 하나 딸려 있어
장날이면 견우와 직녀가 된
광의면 홀애비와 문척면 홀엄씨가
술잔을 홀쩍이며 신세타령도 할 만한
구례읍 장미 나이트클럽
읍내에서 어울리던 늙은 한량 중 한 명이
가족을 따라 미쿡으로 영영 들어간다고
송별식을 위해 장미 나이트클럽을 통째로 빌렸는데
흰머리, 벗은 머리 여나뭇 모이니 홀이 꽉 찬다
장에서 사 온 순대와 회무침, 김밥을 벌여 놓고
음주가무에 판이 어우러지니 석별의 정인들 따로 있을까
파장 술에 취해 늘 그러하듯 취하면 그만인 것을
어쩌면, 한 치 앞을 모르고 더듬거리며 사는 것이 인생이
어서

부는 바람 홀로 맞아내는 것이 사람의 일이기도 해서
그렇게 오늘도 섬진강의 노을이 붉다
어두워진 지리산의 공제선이 더욱 또렷하다
장미 나이트클럽의 쌍팔년도 장밋빛 붉은 사랑
불현듯 한 생이 그처럼 지나간다
구례읍 한량들이 그렇게 또 취해간다

부부라는 게 그랬다

어쩌다 보니 이번 여름은 두텁나루숲을 살지 못했다. 먼 여행을 다녀왔고 아내가 아파서 병원에 데리고 다니는 시간이 많았다. 부부라는 게 그랬다. 비가 오나 눈이 오나 매일 매일 찾아오는 이승의 길 하나를 오르락내리락 이 나이토록 같이 걸어온 거 아닌가. 어떤 의도도 없이 상처를 주고받으며 평생 서로 영향을 미치고 사는 것이 부부이니 그 이승의 인연이야 말해 무엇하랴.

하지만 하루에도 수십 번 사랑을 확인하는 일상을 산다 해도 그렇게 사랑이 얻어지는 것은 아니리. 사랑은 본디 잡거나 잡히는 것도 아니고 깊은 산 속 샘물처럼 그냥 홀로 늘 솟아나는 무엇일 텐데, 보통은 물 한 모금 입술에 적시는 찰나에 묶여 사니 그렇다. 어찌 부부만이 그럴까. 일상의 욕망을 일깨우는 새로움은 찰나를 스쳐 갈 뿐이고 누군가나 무엇인가를 향해 끊임없이 솟아나는 사랑의 새로움은 나도 모르는 내 안의 어느 깊은 숲을 사니.

차이

이제 제법 철이 든 열여섯 살 딸애가
현관의 손님들 신발을 정리하는데
나갈 때 신고 가기 좋으라고
기특하게도 방향을 밖으로 가지런하게 놓았다.
일흔여덟 살 어머니가 그걸 보시고
애야, 신발은 돌려놓으면 못 쓴단다 하시니
딸애는 이해가 되지 않는다.
손님들 가실 때 편하고 좋잖아요?
그래도 그런 게 아니다 하며 말린다.
빨리 가지 말고 더 오래 머물다 가라는
작은 마음의 배려일 텐데
사실 딸애나 늙은 어머니나
손님을 위하는 마음은 똑같은 것이다.

나는 이 풍경을 보며 문득
나의 신발과 아내의 신발을 떠올렸다.
20년 동안 몸을 섞어온 저 여자는
왜 내가 정리한 신발을 자꾸만 돌려놓는가.
왜 나의 세월과 나의 시를 늘 뒤집어 놓는가.

세상과 싸우고 돌아오면 나는 항상 집에서 패배했다.

하지만 그녀와 나의 차이도 이제 20여 년이나 묵어

시비를 가릴 공소시효는 이미 지난 듯하다.

그래, 차이는 그저 차이로 남아 존재할 뿐

어머니나 딸애의 세월의 차이도

나와 아내의 차이도

사실 무슨 차이가 있을 것인가

아마 죽고 사는 일마저도.

아내의 눈빛

30여 년 읽어온 아내의 눈빛
그녀가 아픈 후로는 읽어내기가 어려워졌다.
그녀는 그녀대로 나는 나대로 한껏 깊어져 쓸쓸해진 눈빛

두텁나루숲 고요 속으로 하나둘 나뭇잎이 내리고
새들은 안개 속 물줄기를 따라 거침없이 오르는데
언제부턴가 그녀의 등 뒤에 찰싹 달라붙어 버린 두려움

연둣빛 어린싹의 기척에도 흔들리는 그녀의 눈빛
그 눈빛 속 꼭꼭 숨어버린 언표言表들
그대여, 이고 진 세상 보따리 슬며시 놓고

기대어 보라, 사랑이라는 그 말
살아온 날들의 기억 밖, 늘 새롭게 아침을 맞는
사랑이라는 그 말

숲의 고요가 임상臨床에 올랐다

　그녀의 두려움은 나에게로 전이되고 生의 여백에 변화가
오면서 나를 감싸던 숲의 고요는 일상으로 나와 임상에 올
랐다. 낮이 되면 해가 지고 밤이 되면 달이 지는 어긋난 임
상의 일상을 사는 고요, 내 고요는 길을 잃고 헤매는 그녀의
숲을 찾아갈 수 있을까. 어느 구석 쪼그려 앉아 가쁘게 숨을
몰아쉬는 그녀를 만날 수 있을까, 그녀의 숲에 안개처럼 스
밀 수 있을까.

평범한 슬픔

— 고은

어제는 비가 와서
우산을 들고 집에서 나왔다

오늘도 비가 오니
우산을 들고 집에서 나온다

내일도 비가 오면
우산을 들고 집에서 나올 것이다

비가 오면 우산을 드는 것은
우리네 뼛속에 새긴 것이어서

어제와 오늘과 내일로 삶을 토막 내는 것도
우리네 뼛속에 새긴 것이어서

비가 와도 우산을 들지 않는 것은
용서할 수 없는 죄가 되었다

어제와 오늘과 내일을 통으로 사는 것은
피할 수 없는 슬픔이 되었다

푸른 원숭이

킬리만자로
적도의 설원 어딘가에 밀림이 있고
그곳엔 푸른 원숭이가 살고 있다는데
깊은 숲 높은 나무를 사는
그 푸른 눈썹의 원숭이 만나
수천 년을 쌓아온 적설의 무게
그 오랜 기억에 이르고 싶다.
21세기가 가기 전에
인류의 오랜 꿈
흔적도 없이 사라지기 전에
킬리만자로의 푸른 숲 높은 나무를 산다는
푸른 눈썹의 원숭이 만나고 싶다.
태고의 하얀 눈이 모두 녹고
오랜 지구별의 기억이 다 잊힌다 해도
사라진 자리에 남아 있을
푸른 그리움의 마음 한 조각
그대 향한 걷잡을 수 없는 마음이 되어
푸른 눈썹의 그 원숭이 만나고 싶다.

김남주

김남주, 그대의 이름 석 자도 이젠
이 세상에서 낯선 이름이 되어가는구나.
인터넷 검색을 하면 배우 김남주나
가수 에이핑크 김남주를 먼저 클릭하는 세상인데
남민전 전사, 시인 김남주를 기억할 사람이 얼마나 있겠나.
같은 하늘을 살았던 우리도
그대를 클릭하지 않고 잘 살아가는 시절인데
21세기의 대한민국 젊은이들이 그대를 클릭할 이유가 없지.
그대의 불꽃 같은 삶, 불굴의 세월을 기억해야 할 이유가
없지.
국가는 권력이고 폭력일 뿐
제 한 몸 챙기는 게 전부인 대통령이 뽑히는 시절인데
무슨 얼어 죽을 자유, 민주주의
바야흐로 지금은 나만의 세상, 1인칭 시대인데
우리보다, 너보다, 내가 만고의 진리가 된 시대인데
홀로 아름다운 꽃이고, 홀로 우주인 시대
각자도생하는 제 목숨 하나가 전부인 1인칭 시대인데
남주여, 김남주여, 그대가 설 자리는 어디인가.

너를 위해 모든 걸 주고 목숨을 거는 2인칭 시대나

익명의 누구, 헐벗은 노인네에게도

다정한 눈빛 따뜻한 말을 건네는 3인칭 시대나

강가의 들꽃이나 그 곁의 나비 같은 생명들도

우리와 동등한 무게의 목숨을 사는

무인칭 시대는 어디에 있는가.

몰라서 당당하게, 알면서도 모른 척

1인칭의 이기利己가 편해서, 편해서 그냥 살인도 하는

제멋대로 무질러가며 막장을 사는 무도無道한 시대가 있

을 뿐

1인칭으로 태어나 무인칭에 이르는

모두가 어우러진 세상은 이제 없는 것인가.

바람에 흩어지는 무수한 이파리들

한 가지에서 피어나던 연두의 봄날은 가고

하나의 인류, 하나의 행성 함께 살고 함께 죽는다는

온전한 하나는 그저 지식이고 관념일 뿐

처음부터 없던 것인가.

그대가 나이고 모두가 나라는 1인칭은

경전 속에서나 사는 말 속의 말일 뿐인가.

남주여, 김남주여, 그대가 설 자리는 어디에도 없구려.
그래도 외롭다 하지 말고 억울하다 말하지 마오.
아직도 그대를 그리워하는 사람들은 모여
이렇게 하얀 밤을 지새운다오.
한 인생의 갑자년도 다시 돌아와 회갑을 맞는데
세상은 다시금 혁명의 시절을 맞아
모두가 그대를 그리워하는 날이 올 것이오.
민중들의 역사와 상식 속에서 스스로 변해온 세상인데
차츰차츰 무르익어 그 마음 절실한 세상이 올 것이오.
설처대는 개떼들 하나 때려잡지 못하겠소.
당신보다 키도 크고 더 잘생긴
젊은 남주들이 왜 안 나오겠소.
그대의 푸른 하늘과 그대를 기억하는 이 늙은이도
젊고 씩씩한 세상이 오는 그날까지 버티고 살아
젊은이들과 함께 방아쇠를 당기려 하오.

허튼 봄날

연둣빛 세상 두리번거리며
그대가 건너온 혹독한 겨울과 되살아나는 것들의 숙연
함과
속절없이 주렁주렁 꽃을 매다는
때죽나무의 마음 같은 것들을 헤아려 보는
그런 봄날이다.

세상은 덧없는 마야의 세월이라 한들
사람들은 손에 쥐고 싶은 무엇 하나로 시절을 나고
5월은 봄날의 제 향기도 기억하지 못하는 사랑을 노래하니
일상을 덧씌운 위선의 껍질은
어느 세월에 다 벗길 수 있으랴.

살랑거리는 바람에 실려 어디서 오는가 이 향기
허튼 봄날의 향기로움으로 이승의 꿈은 깊어 가고
이제는 어울렁더울렁 보내는 세월에
미안함도 민망함도 괘념치 않는 나이가 되어
유행가의 한 소절처럼 아, 이렇게 또 봄날은 간다.

찬란한 그대 모습

— 故 조영옥

그대의 넋을 보내는 일이구나.
그대 또한 끝내 가는 사람이 되어
우리를 보내는 사람으로 만들었구나.
오고 가는 일이 이승의 일이기도 하건만
세상의 길목에 내걸었던 이름 석 자를 버리는 일도
때에 절은 세상의 옷을 벗는 일도
그리 쉽진 않았으리라.
다만 두려워하지 않았기를 바랄 뿐이다.
어느새 다가와 발목을 적시는 강물을
그저 건너야 한다는 생각만으로 건넜기를
어긋난 세상 바로 잡으려 애쓰던 그 마음도 내려놓고
흐르는 강물처럼 거침없이 이승을 흘러갔기를.
세상의 가여운 사람들을 모두 품어냈던 사람이여
한 그루 나무가 숲에서 말없이 서 있다 가는 것처럼
그대는 이미 이 세상을 살아낸 것만으로도
충분히 아름다웠다며 미소 짓기를 바라오.
슬픔은 남은 자들의 몫이며
그리워하는 일도 산 자들의 일상이어니
떠나는 그대 뒷모습은 차라리 아름다움이어라.

이승의 어느 이별 뒤에 썼을 거라 생각되는

그대의 시 한 구절이 생각납니다.

오늘과 같은 어느 가을날 은행나무 아래서

가장 찬란한 모습으로 제 몸을 던지는 은행잎을 보았다는

오랫동안 그렇게 서 있었다는 그 시 한 구절처럼

오늘 그대 모습이 진정 찬란한 모습이기를 바랍니다.

그대의 생각처럼 모든 일이 이루어졌기를 바랍니다.

아무런 아쉬움도 후회도 없이 텅 빈 넋으로 눈감았기를.

아, 그대는 끝내 가는 사람이 되었기에

우리는 보내는 자가 되어 눈물을 흘립니다.

행여 가다 말고 우리의 어깨를 다독이려 하지는 마세요.

우리의 눈물은 그대와 한세상 같이 보낸 행복의 눈물이고

힘들고 혼란스러운 이승의 길을 잘 잡아 준

그대에 대한 고마움의 눈물입니다.

찬란한 그대 모습에 보내는 눈물입니다.

님이여, 고맙습니다. 살펴 가소서.

제4부
사랑의 완성

• 4부의 시편들은 슈리슈리 아난다무르띠의 말씀을 담은 책 『빛이 온다』를 읽고 그 울림이 커서 시로 형상화한 것들이다.

두텁나루숲에 눈이 내리고

— 빛이 온다·序

두텁나루숲에 눈이 내리고
밤새 내리는 눈을 다 받아낸 숲의 정적과
나뭇가지 위 소복이 쌓인 꿈들의 고요
이 눈 덮인 숲속 깊은 고요에 이르러
오랜 잠 속의 사랑은 깨어나리라.
바람결에 차갑게 눈을 뜨고
미친 원숭이처럼 날뛰던 머릿속 상념들도
끝없이 올라오는 욕된 생각과 집착도
눈에 묻혀 잠잠해질 것이다.

아, 그렇게 시절이 가고
포근한 바람이 불고 또 꽃이 피고
숲의 향기가 되살아나는 어느 날
지난 세월 오랜 상흔은 눈 녹듯 사라지고
깊은 고요를 빠져나오는 한 줄기 빛을 보리라.
분주히 나뭇가지를 옮겨 다니는 새들과
바람결에 수런거리는 어린잎들
그렇게 숲이 깨어나는 소란스러움으로
그런 일상의 아침으로

아무렇지도 않게
빛이 온다.

창문을 열다
— 빛이 온다·1

고단한 칠흑의 세상을 적어 내린
눈물 자국의 일기장을 덮고
새로운 책장을 넘기듯 아침을 맞아라.

한 번도 열어보지 않았던
어둠 저편, 너의 창문을 열고
초록 향 내음 가득한 창밖의 풍경으로 스며라.

풀잎으로 몸을 누여 바람을 맞고
꽃잎으로 눈을 열어 하늘을 맞이하라
네 안의 어두운 창문을 열어 세상을 맞이하라.

너의 인생은
네 안의 창문만 열면 되는 것이다.
그렇게 안과 밖의 세상 경계가 지워지고
몸과 마음과 영혼은 하나 되어
신성의 빛으로 깨어나리니

너는 너를

촉촉한 눈빛으로 바라보며
부드러운 바람결로 너에게 화답하라.
그렇게 세상에 온 이유를 다 하라.

숲에서 길을 잃고
— 빛이 온다·2

숲에서 길을 잃고 헤매다
이제야 그대 있음을 눈치챘어요.
때죽나무 하얀 꽃들이 떨어진 길을 걸으며
풀섶에 숨은 듯 피어 있는 동자꽃을 보며
무심히 날아오르는 새들의 소리를 들으며
이 모든 것이 그대라고 생각했지요.
하지만 종일토록 걷고 또 걸어도
태양을 도는 행성처럼 반경은 좁혀지지 않네요.
그대의 광휘는 보이나 이를 수 없네요.
아, 그 빛은 밖에서 오시는 것이 아니라
안에서 빛나는 것인가요.
이 숲의 어디에나 있는 한 그루 나무처럼
나무의 무수한 이파리처럼
보이지 않지만 몸을 감싸는 향기처럼
그 빛이 이미 내 안에 있다 해도
나는 나로 꽁꽁 묶여 그대에게 갈 수 없습니다.
눈 코 입 귀 내 모든 감각을 잃고 마음까지 잃어
그대를 그리워할 수도 없을 때
그래야 그대와 하나 될 수 있다는 말은

너무 가혹합니다.

스스로의 모든 것을 잃어야

하나 된다는 것은 너무 가혹합니다.

오늘도 이토록 가여운 나를 위로하며

강물을 거슬러 오르건만

나는 아직도 숲에서 길을 잃고 헤맵니다.

그대의 반경만을 빙빙 돕니다

두려워하지 마라
── 빛이 온다·3

나는 무엇인가
안개 낀 새벽 강을 오르는 은빛 물고기
바람에 톡, 떨어지는 노란 살구 한 알
나는 무엇인가
풀숲의 둥지로 돌아오는 새 떼들
종일토록 1m를 기어가는 텃밭의 지렁이
나는 어둠을 뚫고 막 올라온 새싹
세상의 걸음을 떼는 그 무엇인 것을

두려워하지 마라
떠나는 것을
잃어버리는 것을
나만의 사랑
나만의 세상이 사라지는 것을
두려워하지 마라
강이 끝나지 않으면 바다에 이를 수 없고
소멸이 아니면 되살아날 수 없으니
내가 모든 것을 잃었을 때
비로소 하나 되어

나를 옥죄던 모든 경계가 사라질 것이다
두려워하지 마라
비로소 나는 그 무엇이 될 것이다

평생을 붉게 살아 낸 노을과
길가에 뒹구는 자갈돌
또 다른 그 무엇을 무엇이라고
아무런 의심 없이 말할 수 있을 때
비로소 나는 하나가 될 것이다.
그러니 두려움의 문을 열어 스스로를 파옥하고
오랜 꿈 껍질을 벗고 깨어나라.

우주의 저울
— 빛이 온다 · 4

   강가의 돌멩이가 하릴없이 물결에 쓸리는 일이나 꿀벌 한 마리가 태어나 죽는 일이 모두 우주의 질서이고 리듬이다. 태양과 많은 행성과 그리고 사람들, 바닷속 물고기 한 마리까지도 동등한 무게로 그 질서를 이루고 그렇게 유지되는 우주가 마음의 균형이다. 졸참나무 도토리 한 알과 강을 건너는 새 떼들, 슬픔에 겨워 잠 못 이루는 그대까지 모두가 우주의 저울 위에 있는 것들이다.

   수평의 저울이 기울고 우주의 흐름과 균형을 깨는 것은 오로지 나를 묶고 있는 나, 나의 감옥, 나의 마음이다. 마음이 안과 밖으로 나뉘어 저만의 반경을 돌고 있기 때문이다. 그렇게 균형 잡힌 마음의 집이 무너지고 종일토록 조울躁鬱과 혼란의 시간이 흐른다. 바람에 흔들리는 풀잎처럼 일상의 작은 슬픔과 기쁨에도 우주가 흔들리고 두려움에 휩쓸려 어둠의 숲을 헤맨다.

   하지만 아무런 생각도 없이 단호하게 날아오르는 새가 먼바다의 수평을 보게 되리. 외롭고 두려운 스스로를 가여움으로 품어내는, 끊임없는 그 날갯짓만이 生의 균형감을

찾을 수 있으리. 그리하여 비로소 혼돈 속 우주 질서의 대열
에 들게 되리. 다시금 빛이 되리.

모든 것은 나에게로 온다
— 빛이 온다·5

모든 것은 나에게로 온다
베란다 구석 오래된 깨진 화분도
절뚝이며 나에게 걸어오고 있고
무리지어 유영하는 태평양의 돌고래들도
아무런 생각 없이 나에게 오는 중이다
나는 모두를 맞이할 무엇도 없이
아니, 아예 그것을 알지 못 한 채
9시 미팅을 생각하며 지하철을 타는데
노루목에 올라 뒤를 돌아보던 고라니도
나에게 숨차게 달려오고
우주의 행성들 또한 수십억 광년 동안
빛의 속도로 나에게 오는 중이다
하지만 나는 모처럼의 허기를 느끼며
점심에 먹을 메뉴를 떠올리는 것이 고작인데
어쩔 수 없다
나는 그 사실을 모르니 어쩔 수 없다
모든 것들은 나를 위해 움직이고
나를 위해 탄생하고 나를 위해 죽으며
우주의 운행에 동참하는데

그렇게 어울려 스스로의 빛을 발하는데

정작 나만 한 걸음도 떼지 못한 채

스스로의 감옥에 갇히어

홀로 칠흑의 어둠을 사는구나

너를 바라보는 이

— 빛이 온다·6

감추려 하지 마라

깊은 우물 속에도 그 마음 감출 수 없으리

깨어 숨 쉬고 잠들어도 숨 쉬는

너의 숨결로 드나들며 바라보는 이가 있다

감시하는 것이 아니라 돌보기 위해서

가여워하고 품어주기 위해서

네 안에서 너를 바라보는 이가 있다

그이가 있어 너는 결코

혼자가 아니며 무력하지 않다

밤새 곁을 지켜온 새벽녘 별빛처럼

함께 깊은 숨결의 파동을 이루며

태어난 순간부터 지금까지

너를 바라보는 이가 있다

네가 너에게서 깨어나 너를 떠나는 날까지

너와 함께 하시는 이가 있다

세상에 홀로인 사람은 없다고 말하며

곁에서 지켜주는 이

너의 말과 마음이 다르고

마음과 행동이 다르다는 걸 모두 아시는 이

순간순간 스치는 네 온갖 잡스러운 생각까지도
다 알고 기억하시는 이
뼛속까지 환히 들여다보는 그분이 있어
너는 이승의 세월을 한 치도
벗어나거나 비껴갈 수 없다
몸과 마음과 영혼, 네가 가진 모든 것은
이미 그분의 것이어서
너는 그분께 가지 않을 수 없다
그분과 하나 되지 않을 수 없다
아, 그분이
네 안의 그분이 바로 빛인 것을
그 빛이 사랑인 것을
그 사랑이 비로소 너인 것을
그분이 바로

그렇게 나를 소멸하고
── 빛이 온다·7

네가 나를 당기고

내가 너를 당기는

우주 공간의 수많은 별들

너를 당기는 사랑과 헌신으로

나를 보존할 수 있으니

너를 완전히 끌어당겨서

비로소 나는 자유

헌신은 너와 나의 우주를 잇는 다리

지극히 높은 그것에 닿는 다리

너에 대한 갈망

그 갈망의 끝에서

내 모든 감정이 사라지고

그렇게 나를 소멸하고

온전히 너에 스미는 헌신

그래야 비로소 나는 자유

사랑의 완성
— 빛이 온다·8

사랑은 숲과 저잣거리를 잇는 오롯한 길
오로지 그 생각에 몰두하는 것
두려움 가득한 숲과 두려움 없는 숲
두려움 가득한 저잣거리와 두려움 없는 저잣거리
두려움 가득한 나와 두려움 하나 없는 나
오로지 그 사잇길을 걸어가는 것

선하다는 생각 하나로 위선이 되는
준다는 생각 하나로 가진 자가 되는
백척간두의 경계를 허무는 저잣거리

부드럽고 강인한 나무
속절없이 떨어지는 이파리의 비행으로
아, 세상의 절대 균형을 이루는
은혜로운, 거룩한 숲

그 사이의 길을 걷고
生이 다하도록 걷고 또 걸어
세속의 옷 그대로 세속을 살며

온 우주를 다만 사랑하는 나

숲과 저잣거리를 잇는 오롯한 길
오로지 그 생각에 몰두하는 것
두려움 가득한 나와 두려움 하나 없는 나
오로지 그 사잇길을 걸어가는 것
사랑은 그토록 과정에 있는 것
사랑은 시작부터 완성된 사랑이니
그토록 과정에 있는 것

사랑을 어떻게 얻을 수 있을까
— 빛이 온다·9

세상의 키를 재고
세계의 무게를 잴 수 있어도
나의 마음을 가늠할 수 없다면
그대에 이를 수 없다면
사랑을 어떻게 얻을 수 있을까

보이는 세상의 뒤에 있는
보이지 않는 세상
분명 또 다른 그 실재實在가 있다면
그것을 볼 수 있는 또 다른 눈이 있는 걸까
사랑은 그렇게 보이는 것일까

사랑은 어떤 수단을 통해 얻고
그렇게 해서 보이는 것은 아니리
사랑은 아침을 맞아 눈을 뜨고
밤이 되어 눈을 감는 일처럼
숨을 들이쉬고 내쉬는 일처럼
이미 나를 살고 있는 것

넘쳐나는 샘물처럼

매일매일 쉼 없이 나를 차오르는 것

먼바다의 수평선처럼 이미 가득

나를 채우고 있는 것

돌봄
— 빛이 온다·10

환자나 가난한 자 노숙자로
내가 기우뚱 서 있다
마음을 잃고 기울어진 저울처럼
나는 그러한 나를 돌보고
돌보는 나를 고마워한다

위대해진다는 것은
누군가를 내 몸처럼 돌보는 것
마음은 정화되어 고요에 닿고
고요에 닿은 돌봄으로 누군가는 위대해진다

발목에 찰랑거리는 물처럼 누군가를 돌볼 때
나는 그 누군가가 되어 스스로 일어서게 되니
어느 누구도 무력한 사람은 없다

그렇게 너는 누군가를 무엇인가를 돌보며 완성되었다
그렇게 수백만 년 동안의 동물 生을 거쳐
인간의 몸을 이룬 자다
이 세상에 발붙인다는 것이 그렇다.

사다나sadhana °
── 빛이 온다·結

빛이다.
빛이 온다.

생.로.병.사. 이승살이의 중허리에 사다나가 있어, 빛
사람과 사람의 중허리에 사다나가 있어, 사랑

사랑이다.
사랑이 온다.

° **사다나**sadhana 하늘을 나는 새, 물속을 유영하는 물고기, 대지를 달리는 짐승, 땅
에 붙박여 사는 풀과 나무 그리고 그 품에 더불어 사는 온갖 미물들과 유아독존의
인류, 이 모든 목숨들은 저항하며 살고 있고 존재 자체가 저항이다. 우주에서 저
항 없는 물리적 존재는 없으며 살을 에는 눈보라를 안고 힘차게 전진하는 것 자체
가 인생의 본질이다. 저항은 완전성을 성취하려는 것이며 우주의 중심핵과 하나
가 되려는 끝없는 노력이며 이것이 사다나다. 사다나는 인간만이 할 수 있는 영적
수행이며 이렇게 지고의 존재에 집중하면 무지에서 벗어나 점점 또렷해지는 세
상이 보이고 마음은 균형감각을 갖게 되어 세상을 바르게 볼 수 있다.

두텁나루숲, 그대°

1. 비가 그치기 전에 숲에 갈 수 있을까

비가 소리 없이 내린다. 오늘 같은 날은 숲에 가고 싶다. 숲 어귀 파초 잎사귀 아래 비를 긋고 있는 휘파람 소리 하나 있을 것이다. 그 소리의 반경 안에 그대가 있을 것이다. 하지만 반백이 되어 숲에 들어도 그대를 통속通俗하지 못하니 언제나 그대를 안을 수 있을 것인가. 비가 그치기 전에 숲에 갈 수는 있는 것인가.

° 이 시는 '두텁나루숲'에 들어 명상의 대상이었던 '그대'와 관련된 시들로, 제각기 독립적으로 써서 발표했던 시들을 하나의 이야기로(숲에 들어가는 과정과 들어간 후, 그리고 그 현재 상황) 엮어 재구성한 것이다.

2. 숲에 들다

그대 눈부신 속살에 들면
편백나무 서늘한 그늘 어디쯤에
정처 없는 것들의 거처가 있을 거라는 생각을 했다.
다만 그 생각이 무사하기를 빌며
그대 앞에 이르렀을 뿐이다.

그대 안에 드는 일이 두렵기도 하나
단지, 때가 되어 어미의 자궁 밖을 나왔던 것처럼
마침 한 줄기 바람이 불어온 것뿐이라고 생각해본다.
그렇게 또 날이 저물었다.

그대의 어디쯤에
달빛에 빛나는 지붕 하나가 있기를 바란다.
그곳에 들어 내 눈부신 맨몸을 볼 수 있다면
사랑한 사람들이 이승을 떠난 것도
잠 못 이루는 짐승들의 매일 밤 울음소리도
그대에 이르기 위한 육탈肉脫의 시간이었다고 생각하리.

강줄기를 타고 오는 한 줄기 바람에도
이승의 한 십 년을 뚝, 떼어낼 수 있기를 바란다.
숲에 쌓인 무수한 잎들의 신음소리가
나의 일상으로 진입해 오고
해가 지는 세상의 두려움 위로
설레는 가슴은 늘 두근거리기를 바란다.

그렇게 허물을 벗고
단 한 번의 해가 오로지 나에게로 올 것을 믿는다.
나는 달이 뜨는 그 숲으로 걸어 들어갔다.

3. 헛꽃
― 산수국꽃은 너무 작아 꽃 위에 또 헛꽃을 피워 놓고 제 존재를
　수정해 줄 나비 하나를 기다린다.

숲에 들어 비로소 나의 적막을 본다.
저 가벼운 나비의 영혼은 숲의 적막을 날고
하얀 산수국, 그 고운 헛꽃이 내 적막 위에 핀다.
기약한 세월도, 기다림이 다하는 날도 오기는 오는 걸까.
이름도 없이 서 있던 층층나무, 때죽나무도 한꺼번에 슬
퍼지던 날
그리운 얼굴 하나로 세상이 아득해지던 날
내 적막 위에 헛꽃 하나 피었다.

4. 축시丑時의 숲

숲의 어둠 속, 소리 없이 흐르는 고요를 본다.
이 고요, 결코 붙잡지 말고
반딧불이의 느린 유영처럼 따라 흘러야 한다.
축시에 이르러 숲길의 풀들은 온통 이슬로 촉촉하니
수천수만의 내가 잠에서 깨어 홀가분하다.
파편처럼 박혀있던 외로움도 회한도 황홀했던 시간도
모두 투명한 침묵이 되어 풀잎에 매달려 있다.
흔적도 없이 사라지는 것들이 이토록 나의 몽상夢想을 깨
운다.
축시의 숲, 이 찰나의 어디쯤에서
그대가 나를 바라보고 있을 것이다.

5. 숲에서 길을 잃고

숲에서 길을 잃고 헤매다
이제야 그대 있음을 눈치챘어요.
때죽나무 하얀 꽃들이 떨어진 길을 걸으며
풀섶에 숨은 듯 피어있는 동자꽃을 보며
무심히 날아오르는 새들의 소리를 들으며
이 모든 것이 그대라고 생각했지요.
하지만 종일토록 걷고 또 걸어도
태양을 도는 행성처럼 반경은 좁혀지지 않네요.
그대의 광휘는 보이나 이를 수 없네요.
아, 그 빛은 밖에서 오시는 것이 아니라
안에서 빛나는 것인가요.
이 숲의 어디에나 있는 한 그루 나무처럼
나무의 무수한 이파리처럼
보이지 않지만 몸을 감싸는 향기처럼
그 빛이 이미 내 안에 있다 해도
나는 나로 꽁꽁 묶여 그대에게 갈 수 없습니다.
눈 코 입 귀 내 모든 감각을 잃고 마음까지 잃어

그대를 그리워할 수도 없을 때
그래야 그대와 하나 될 수 있다는 말은
너무 가혹합니다.
스스로의 모든 것을 잃어야
하나 된다는 것은 너무 가혹합니다.
오늘도 이토록 가여운 나를 위로하며
강물을 거슬러 오르건만
나는 아직도 숲에서 길을 잃고 헤맵니다.
그대의 반경만을 빙빙 돕니다

6. 반짝이는 비늘의 물고기처럼

지금껏 그대 그림자 좇아 왔으니 그대 또한 반드시 내 숲의 어느 지경에 들어와 있을 것을 믿는다. 별을 바라보거나 혹은 저무는 강가에서 만난 그대의 환영幻影 또한 나를 향한 그대의 연모라고 생각한다. 그래, 이미 내 안의 어디에 들어와 나의 술래잡기가 끝나기만을 기다리고 있는지도 모르겠다. 그렇게 그대를 좇아 온 한 세월은 언제나 매듭을 지을 수 있을 것인가. 아직도 마음은 오만 가지의 생각이 맴돌건만 이 저잣거리의 모퉁이를 다 도는 어느 날, 그대 불현듯 나에게 오실 것을 믿는다. 비늘의 반짝임과 함께 순간적으로 방향을 전환하는 물고기처럼.

7. 푸르샤여, 나의 푸르샤여

히어리꽃 눈부신 봄 숲길을 걸으며 사랑하는 그대를 생각합니다. 어디쯤 왔는지 어디로 가는지도 모른 채 나는 그대의 길을 걷고 있다고 생각합니다. 발길 머무는 곳마다 눈길 가는 곳마다 그대 있으니 아무런 걱정 없이 모두가 나의 길이지요.

하지만 그대 생각만 벗어나면 오랜 슬픔은 다시 나를 찾아오고 나는 그대를 잃고 숲속의 미아가 됩니다. 아무 곳도 갈 수 없고 아무 것도 할 수 없어 종일토록 울면서 보냅니다. 푸르샤여, 나의 푸르샤여 어디에 있나이까. 나를 온통 채우고 있던 그대여.

두려움과 죽음이 내려앉은 적막의 숲에서 한 줄기 강한 빛의 광휘를 기다립니다. 다시금 그대의 나를 떠올립니다. 푸르샤여, 그대를 기다립니다. 어둠 속 고요에 떠오른 나의 주검이 긴 호흡에 실려 흘러가는 것을 조용히 바라봅니다. 고요의 바다에 소리 없이 파문이 일고 빛의 몸, 가득한 사랑입니다.

8. 그렇게 그대가 오면

숲길에서 꽃 한 송이에 걸음이 멈추면
나는 그 꽃입니다.

밤하늘 바라보다 별 하나 눈 마주치면
나는 그 별입니다.

세상의 어떤 슬픔 하나 마주쳐도
나는 그 슬픔입니다.

어느 순간, 그대가 오면
나는 그대일 뿐입니다.

9. 나마스카

그대의 영혼에 안부를, 나마스카
강 노을과 함께 산마루에 해가 저물고
이승의 하루가 스러지는 시간이 되어서야
겨우 그대를 떠올리게 됩니다
세상 속 홀로 저무는 하루를 보며
아직도 남아 있는 내 안의 외로움과 두려움으로
하루의 끝에서 그대를 생각합니다
나마스카, 아름다운 내 영혼 그대여
종일토록 그대를 찾아 헤맨 고단한 육신도
말없이 곁을 지켜준 모든 것들에도
어둠 속 야윈 달빛에 기대어 안부를 전합니다
나마스카, 깊은 밤 고요를 흐르는 은하여
아직도 세상의 화려한 불빛을 좇아 흐르는 저에게
별빛에 젖은 촉촉한 눈망울과
숲속의 부드러운 바람결을 기억하게 하소서
그것이 모두 그대가 보내는 안부임을 알게 하소서
나마스카, 사랑인 줄 알게 하소서

두텁나루숲에 들어

1

내 삶은 숲에 들어가기 전과 숲에 들어간 후로 나뉘었다고 생각한다. 숲 밖의 세상에서 숲 안의 세상으로 들어온 것이지만 겉으로 보면 나이가 들어 거처를 옮긴 것에 불과할 것이다. 사람들은 누구나 겉과 속을 살지만 그 표리表裏를 하나로 살아내기란 쉽지 않다. 요컨대 내가 숲 밖의 세상에서 그리워하던 '그대'와 숲에 들어와 찾아 헤매는 '그대'는 분명 다른 그대지만 나에게 그것은 현실 삶에서 하나로 살아내야만 하는 절체절명의 무엇이다. 돌아보니 그렇게 살아온 것인데 사실은 지금도 마찬가지다. 다만 이제는 '그대'를 찾아 헤매며 조울躁鬱의 시간을 보내지 않는다는 거다. 그러고 보면 세월의 흐름 속에서 시시각각 나에게 오는 모든 변화의 실상을 동요 없이 있는 그대로 받아낼 수는 있게 된 듯하다. 그리고 보이거나 들리지 않는 세상까지를 아울러 절대 균형을 이루는 우주의 저울추가 있다는 것을, 그것은 사랑이며 무엇보다도 사랑은 끝내 과정에 있다는 것을, 사랑은 한 생명의 탄생처럼 시작부터 완성된 사랑이며 그토록 삶의 온 과정이라는 것을, 나는 기억 이전의 영역으로 눈을 돌리기 시작하며 겨우 짐작하기 시작한 것이다.

2

지리산이 바라보이는 섬진강 하류 기슭에 거처를 마련하고 산 것이 벌써 17년이다. 숲에 든 세월이다. 내면의 새로운 영역을 꾸려보겠다는 생각으로 집을 짓고 상량문을 쓰며 그 마음을 다졌다. 상량문에 노자와 묵자에서 빌려와 無爲無不爲 무위무불위와 愛人若愛身 애인약애신이라는 글을 새겼는데 당시의 결기를 짐작할 만하다. 하지만 집이 내려앉을 때까지 손에 쥐지 못할 말을 새겨놓고 쳐다볼 때마다 숨을 고르는 스스로가 좀 가엽기도 하다. 유아들이 어른들의 말이나 행동을 따라 하며 삶을 배우고 성장하듯 나는 비틀비틀 걸으며 그것이 얼마나 높은 경지의 삶이라는 걸 눈치챘다. 그렇게 두텁나루숲에 들어 세월을 나며 한동안 부지런히 나무를 심었다. 강산이 변한다는 십수 년이 지나니 나무들이 제법 울울해지고 그럴듯한 숲이 되었다. 나는 그렇게 '두텁나루 숲'(두껍이 蟾, 나루 津, 섬진을 풀어 당호를 그렇게 지었다)이라는 이름을 얻을 수 있었고 이 숲 그늘에 앉아 밑도 끝도 없는 고요를 기다렸다. 상큼한 바람 한 줄기에 '그대'의 향기를 느낄 수 있을까. 그렇게 '가여운 나'를 위로할 수 있을까. 이런 기대와 함께 강을 바라보는 날들이 수없이 지나갔다.

3

　이런 세월의 켜켜로 꽃이 피고 숲은 짙푸른 그늘을 이루고 나무의 여린 순들은 잔가지로 자라며 무성해졌다. 울울해지고 창창해지는 그만큼씩 숲은 한껏 고적해지고 따사로운 봄볕에 가여운 몸뚱어리도 노곤해지는 날들과 함께 그 마음도 모두 계절의 끝에서 촉촉이 비를 맞곤 했다. 그런 어느 날 바람 한 줄기에 실려 온 향기를 맡고, 숲의 정적을 깨는 휘파람 소리도 들을 수 있기를 바랐다. 문득, 숲 귀퉁이 이파리 너른 벽오동 그늘에 앉아 있는 '눈부신 그대'를 보게 되기를, 새롭게 돋은 나뭇가지에 하얀 수건 하나 내걸고 아, 봄날의 순정도 버리고 '그대'에게 항복할 수 있기를 바랐다.

4

'그대'와 하나 되어 몸과 마음과 영혼의 절대 균형을 이루는 저울추를 얻어야 저잣거리의 세상일도 바르게 할 수 있고, 詩도 삶 자체가 되는 스스로의 평형수를 채울 수 있다고 생각했다. 숲에 들기 전에는 이런 생각도 없이 혹사하듯 변혁의 흐름에 몸을 맡겼고 詩는 그 일상의 어느 구석에 파지처럼 구겨져 있었다. 그렇게 한동안 시는 내 삶의 변방에 있었고 다만 스스로의 문학적 지향에 대해서는 가끔 생각하지 않을 수 없었다. 그 생각이라는 것도 박수근(화가)이 했다는 "나는 인간의 선함과 진실함을 그려야 한다는 예술에 대한 대단히 평범한 견해를 가지고 있다." 이런 말을 떠올려 보는 것이 고작이었는데, 이 말이 어디서 어떻게 온 것인지는 모르나 어느 날 느닷없이 날아온 돌멩이처럼 나의 뇌리에 강하게 박혀 수시로 울림을 주었다. 그는 예술이 아름다움의 영역이라면 그 아름다움은 선함과 진실함의 바탕에서 이루어진다는 어떤 믿음이 있었던 건 아닐까? 그의 말처럼 정말 평범한 일상 속의 착함과 진정함이 가장 아름다운 삶이라면 문학은 그것을 받아 적는 것이라는 생각 정도가 내 문학적 지향이었다. 그렇게 숲에 드는 나이에 이르렀다.

5

인도에서 '숲에 드는 나이'는 인생의 3번째 단계에 속한다. 태어나서 사회에 나가기 위해 배우는 시기, 세상에 나아가 결혼도 하고 사회의 의무를 이행하는 시기, 그리고 3번째가 숲에 들어 영적 추구에 집중하는 때이고 마지막이 유랑 고행의 단계로 모든 걸 내려놓고 신과 하나가 되어 출생과 죽음의 순환에서 해방되는 것이다. 나는 그들의 삶을 좇아온 것은 아니지만 공교롭게도 숲에 드는 나이가 되어 50대가 다 가기 전에 두텁나루숲에 들어왔다. 그동안 키워온 무절제의 욕망과 그렇게 굳은 일상의 습習을 도려내고 싶었고 스스로 변해야 한다는 그런 내면의 간절함이 있었다. 세상을 탓하기보다는 내가 먼저 변해야 한다는 절실함이 내 안에서 주먹처럼 올라오는 것을 어찌할 수 없었다. 그리고 문학은 어쩔 수 없이 나를 따라다니는 것이 아니던가. 내가 문학을 좇아가야 하는 것은 아니지 않는가. 나는 50고개를 넘으며 숲에 들어야 하는 피할 수 없는 내면의 소리를 맞이했다고 생각한다. 숲에 들어 몸과 마음 모두 자본에 절어 있는 나를 변화시키고 몸과 마음과 영혼이 하나 되기를 바랐다.

6

나는 아난다마르가의 수행자 칫따란잔아난다 다다지로
부터 '인간의 의식층'에 대한 공부와 함께 명상을 배웠다. 다
다지는 '생명평화결사'에서 일할 때 만난 분인데 그분과 함
께 인도 북부 갠지스 상류의 아쉬람 순례를 하면서 탄트라
에 입문했고 몸과 마음을 바로잡기 시작했다. 그렇게 영혼
의 문제를 접하게 되었고 파라마 푸르샤(지고의 의식)의 영
역을 더듬거리기 시작했다. 처음 나에게 명상은 세상을 살
아내는 하나의 수단으로써 왔고 세상과 멀어지는 것이 아니
라 현실 세상을 더 깊고 밝게 보려는 것이었다. 명상은 자기
중심적인 관점(ego)을 극복하고 세상을 하나로 만나기 위한
것이며 '지금 여기'에서 실천적으로 살게 하는 것이었다. 그
리고 세상의 많은 현상과 그 지식의 현실은 당대의 삶을 규
정짓는 환경이고 조건이지만 한편으로는 존재와 생명을 구
속하는 것이기도 해서, 이를 극복하고 삶과 죽음의 균형감
각을 일구는데 명상은 매우 유효하다고 생각했다.

7

그렇게 한 시절을 났지만 나는 지금도 사랑하는 누군가가 죽고 떠나고 사라지는 것들의 무상함이 주는 생의 쓸쓸함과 두려움을 그대로 가지고 있다. 이러한 소멸에 대한 아픔을 이 나이토록 겪어 왔지만 나는 아직도 늘 그 무상의 끝자락에서 울음 운다. 세속의 삶을 산다는 것이 얼추 그렇지 않은가. 욕망과 집착의 낮은 의식층을 살고 있는 한 아무리 위선을 떨어도 안 되는 것은 안 되지 않던가. 평생토록 많은 지식을 머리에 담아냈다 해도 사회적 실천이 없으면 제 삶의 지층에는 변화가 없듯이 우리는 길이 아니라는 걸 알면서도 속절없이 그 길을 가고 있는 것은 아닌가. 아무런 말 없이 어둠 속을 흐르는 강물은 어둠 속의 빛을 끌어모아 반짝이고 또 반짝이며 우리에게 이런 생의 왜곡과 허망함을 가르쳐준다.

강은 저무는 강이 가장 아름답다. 물론 이것은 매우 주관적인 나의 생각이다. 안개 자욱한 새벽 강인들 아름답지 않을 것인가. 나는 언제부턴가 강을 자주 바라보는 사람 중 한 사람이 되었다. 거처가 강가에 있다 보니 좋든 싫든 하루 종일 강을 힐끗거리며 살고 있다. 그리고 딱히 일이라고 할 것도 없지만 그래도 일과가 끝나는 저녁이면 나도 모르게 툇마루에 앉아 붉은 노을이 내려앉은 강을 바라보게 된다. 검붉은 노을의 강을 건너는 새들도 뜸해지면서 서서히 어두워지는 시간에 비례해 강은 점점 빛나는 것을 볼 수 있다. 멀리 마을의 불빛이 하나둘 켜지며 마침내 주변이 다 어두워져도 강은 홀로 반짝이며 흐른다. 어둠 속 적막을 흐르는 빛나는 강을 보며 앉아 있으면 지상에서 사라지는 것들이 사무쳐 온다. 이 시간이면 마음은 끝없이 깊게 내려앉아 저절로 명상의 상태에 이른다.

꽃 피니 봄 오고 꽃 지니 봄 간다며 허망하다 말하지만, 사실 우리는 보이는 것과 보이지 않는 것, 알 수 있는 것과 알 수 없는 것의 사이에 살고 있다. 그 틈새에서 영원을 살 수 있는 신비이고 빛의 영역에 들어와 있는 기적의 존재들이다. 그렇게 사랑은 신비이고 스스로 그러하는(然) 우주 그 자체이며 의식의 높은 끝에 있는 고요 속의 고요다. 누구에게나 그러하며 스스로의 안과 밖을 밝히는 빛이다. 사랑은 마음을 일으켜 세우고 영혼을 불러 나를 무너뜨리고 세상의 빛이 된다. 그렇게 스스로를 완성한다는 것은 자신을 사랑으로 가득 채우는 일이다. 사실은 깊은 숨을 들이쉬고 내쉬는 순간 몸의 구석구석에서 사랑은 시작된다. 그렇게 언제 어디서나 스스로가 사랑인 것을, 몸의 기억만으로도 영혼에 이르러 하나임을 알아차려야 한다. 다르마여, 꿈에서 깨어나라.

두텁나루숲 뒷간에 앉아

1판 1쇄 인쇄	2025년 9월 10일
1판 1쇄 발행	2025년 9월 25일

지은이	박두규
펴낸이	임양묵
펴낸곳	솔출판사

총괄이사	박윤호
편집	김민석 임윤영
마케팅	한의연
경영관리	백승은

주소	서울시 마포구 와우산로29가길 80(서교동)
전화	02-332-1526
팩스	02-332-1529
블로그	blog.naver.com/sol_book
이메일	solbook@solbook.co.kr
출판등록	1990년 9월 15일 제10-420호

ISBN   979-11-6020-215-1   (03810)